DISCOURS

PRONONCÉ

PAR Mr JULES PASCALET

SUR LA TOMBE

DE

M. JOSEPH-PIERRE-ATHANASE SICARD

AVOCAT

Né à la Cadière (Var), le 28 Novembre 1813
décédé à Marseille, le 6 Février 1869, dans sa 55me année

Speravit anima mea in Domino

MARSEILLE

TYPOGRAPHIE MARIUS OLIVE
rue Paradis, 68

1869

DISCOURS

PRONONCÉ

PAR Mr JULES PASCALET

SUR LA TOMBE

DE

M. JOSEPH-PIERRE-ATHANASE SICARD

AVOCAT

Né à la Cadière (Var), le 28 Novembre 1813
décédé à Marseille, le 6 Février 1869, dans sa 55me année

Speravit anima mea in Domino

MARSEILLE

TYPOGRAPHIE MARIUS OLIVE
rue Paradis, 68

1869

DISCOURS

PRONONCÉ

Par Mr Jules PASCALET

SUR LA TOMBE

DE

M. Joseph - Pierre - Athanase Sicard

AVOCAT

Né à la Cadière (Var), le 28 Novembre 1813
décédé à Marseille, le 6 Février 1869, dans sa 55ᵐᵉ année

Speravit anima mea in Domino

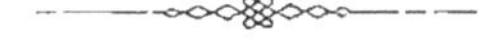

MESSIEURS,

Il y a quelques heures à peine, une foule nombreuse
et profondément attristée , accomplissait un dernier
devoir envers celui dont la dépouille mortelle est en ce
moment exposée à notre juste douleur (1). C'est que

(1) Les dépouilles de M. Athanase Sicard, confiées à deux amis
de la famille, ont été transportées par leurs soins de Marseille à la

celui dont nous déplorons la perte, avait fait en quelque sorte de Marseille une patrie d'adoption, dans laquelle il a laissé les traces les plus vives des riches trésors de ses facultés et de sa charité inépuisable. L'assistance affligée et recueillie, témoignait éloquemment par son attitude, toute la part qu'elle prenait à ce deuil inopiné qui a brisé des cœurs et fait verser bien des larmes !

Mais, c'est surtout au milieu de la région si pittoresque de la Cadière, au sein de cette honnête et excellente population, que la nouvelle de cette mort a produit un bien douleureux retentissement. Ici, en effet, est le véritable théâtre sur lequel Athanase Sicard a pu développer avec tant d'abnégation, de dévouement et d'une manière si étendue, les merveilleuses dispositions de son cœur et de son intelligence. Aussi sommes-nous sûr de n'être démenti par personne, quand nous affirmerons que jamais il n'a hésité à se faire le défenseur du droit, que le pauvre n'a jamais en vain sollicité son appui, et qu'à tous et à toute heure du jour, il a constamment

Cadière, et c'est avant l'accomplissement de ce dernier et triste voyage, qu'ont eu lieu la levée du corps et la première absoute, au milieu d'un grand concours de personnes appartenant aux principales branches sociales de la cité. Le corps, arrivé à sa destination vers les deux heures du matin, a été déposé dans une pièce de la maison de campagne préparée à cet effet, jusqu'au lendemain neuf heures, où la population de la Cadière et des environs est venue le chercher et l'accompagner, après un service solennel, au lieu du repos, où il a été enseveli dans le caveau de la famille.

laissé ouvertes la porte de sa maison et celle de son cœur.
Nous ne craindrons pas même de dire que, s'il a péché
par un côté, c'est par celui où pèchent souvent les grands
cœurs, *par l'excès de la bonté !*....

Honoré de l'amitié de cet homme de bien, je ne puis
être aujourd'hui que le faible interprète des légitimes
regrets que nous cause cette séparation cruelle. En face
de ce cercueil, comment résister au sentiment de poi-
gnante émotion dont nous sommes tous accablés ? Une
parole mieux exercée que la mienne serait plus à même
de faire apprécier, comme je le sens, toutes les phases
d'une vie si remplie, si dignement chrétienne. Mais je
me rassure à cette pensée, que la mémoire d'Athanase
Sicard saura bien se faire valoir d'elle-même, et qu'à
défaut d'éloquence, mon cœur saura parler assez haut
pour servir d'excuse à ma faiblesse. D'autres aussi, espé-
rons-le, se chargeront du soin de lui rendre un plus
complet hommage et de redire tout ce qu'il y avait de bon
et d'affectueux dans le commerce de cet ami si re-
gretté !

Joseph-Pierre-Athanase SICARD naquit à la Cadière,
le 28 novembre 1813. Il appartenait à une de ces an-
ciennes familles qui sont l'honneur et l'orgueil d'un pays,
et qui se font remarquer, entre toutes, pour leur probité
traditionnelle et leurs sentiments élevés. Il fit ses premières études au Petit-Séminaire de Marseille , qui

comptait alors dans son sein les noms les plus distingués de la cité et qui ont conquis aujourd'hui bien des positions flatteuses et très-honorables. Le jeune Athanase obtint bientôt de brillants succès, grâce à son amour ardent pour l'étude, qni le plaça au premier rang parmi ses camarades, dont il fut toujours le compagnon obligeant et dévoué.

Après avoir terminé ses classes en remportant chaque année les palmes promises aux vainqueurs, il ne tarda pas de révéler les aptitudes particulières qu'il possédait pour la profession d'avocat. Ce fut à Aix, qu'il fit son cours de droit, avec la même ardeur qu'il apporta aux cours classiques, et il fût bien loin de suivre l'exemple d'un certain nombre de jeunes gens qui, pendant ces précieuses années, souvent décisives pour l'avenir, sèment à tous les vents, le meilleur de leur jeunesse, de leur intelligence et de leurs cœurs. Athanase Sicard, au contraire, appréciant tout le prix du travail, ne cessa de se soumettre à ses lois, parfois pénibles, mais dont l'attachement et la pratique sont pour le cœur de l'homme comme un baume adoucissant et réparateur. Il fut un des excellents élèves de la Faculté et c'est avec un succès, ratifié par ses professeurs, qn'il soutint la thèse qui lui conféra le titre de licencié.

Inscrit au tableau des avocats de Marseille, c'est dans cette ville qu'il fit ses premières armes, et que, pendant

huit à dix années, il exerça sa profession avec ce zèle, ce
désintéressement, ce succès, qui lui attirèrent les plus
précieuses sympathies. Ses conseils et sa parole ne firent
jamais défaut à une cause juste, et cela, sans souci du
lucre et sans que son âme compatissante et généreuse,
ne cherchât autre chose que la douce satisfaction d'être
utile et de rendre service.

Avec ces dispositions, principalement acquises par
des études sérieuses et au moyen de ses relations avec
les Cours Impériales et les Barreaux du Midi, Athanase
Sicard aurait pu parcourir avec plus d'éclat sa carrière et
arriver même à une brillante position ; mais, soit par
modestie, soit par goût, soit en raison d'une santé parfois éprouvée, il tourna alors ses regards vers la vie pai-
sible des champs. Il vint résider au berceau qui le vit
naître, où des liens étroits et des intérêts importants le
rattachaient et où son goût prononcé pour l'agriculture
et tout ce qui s'y rapporte, le poussait invincible-
ment. Un poète latin, bien connu, s'est écrié dans
une de ses aspirations : *ó rus, quandò te aspiciam !*
parole qui plaidera toujours la cause de ces hommes qui,
fatigués des chimères de ce monde, vont se recueillir à
la campagne et apprendre à connaitre et à aimer Dieu,
en lisant dans le livre sublime de la nature !

Faut-il rappeler ici les services rendus, à partir de
cette époque, à toute cette contrée, sur laquelle Atha-

nase Sɪᴄᴀʀᴅ ne cessa de répandre la douce et salutaire influence de ses exemples et de ses bienfaits? (1) Non, Messieurs, je n'entreprendrai point cette tâche. Qu'il me suffise de vous dire qu'il était pour tous ceux qui l'approchaient, un ami, un conseiller, un père. Ce qui en faisait un homme à part, dans ce siècle surtout de froid égoïsme et de bas calculs, c'est, je me plais à le redire, la rectitude de son esprit, la sincérité de son amitié, la générosité de son cœur quand il s'agissait de donner un conseil et de secourir son semblable.

A l'heure où tout convie au calme et au repos, Athanase Sicard, voulant donner un suprême témoignage d'amour à un fils bien-aimé, ne recula pas devant le pénible sacrifice d'affronter de nouveau le tourbillon vertigineux des affaires, et c'est au moment qu'il avait la consolation

---

(1) On lit dans la *Gazette du Midi* du 13 février courant, dans une correspondance particulière adressée de la Cadière : « Homme de « loi, A. Sɪᴄᴀʀᴅ prodiguait ses conseils aux nombreuses personnes « de la contrée qui venaient le consulter, ajoutant souvent un secours « pécuniaire quand c'étaient de pauvres gens qui s'adressaient à lui. « Par les travaux importants qu'il avait fait exécuter dans ses belles « propriétés, il a été le soutien d'un grand nombre de familles qui « ont tenu à déposer sur son cercueil un magnifique et touchant « emblême, orné de cette concise mais éloquente inscription : *Les* « *ouvriers reconnaissants.* »

Dans toutes ses marques de bonté et d'obligeance, il ne calculait point, et n'écoutant que la voix généreuse de son cœur, il ne prévoyait pas parfois les obstacles qui auraient pu s'opposer à la réalisation de tous ses projets. Pour lui, la spontanéité à faire le bien, telle était une de ses qualités dominantes.

de voir ses rudes labeurs porter les plus doux fruits, que la mort a tranché le cours de ce bonheur naissant !... Pourquoi faut-il que la Providence , dans ses impénétrables desseins , soit venue briser si inopinément une existence précieuse à tant de titres ?.. Ah ! Messieurs, n'essayons pas d'approfondir ce mystère, inclinons-nous avec respect et résignation devant ses lois saintes et divines !

Tels furent, Messieurs, les principaux traits du caractère d'Athanase Sicard. Le souvenir de cet homme de bien ne périra point. Tous ceux qui l'ont connu reporteront leurs plus vives sympathies sur son honorable famille. Nous nous faisons un devoir d'en offrir publiquement l'expression à sa digne et vertueuse compagne, qui n'a cessé de lui prodiguer les marques du plus admirable dévouement ; à son excellent fils, qui s'est toujours fait remarquer pour sa piété filiale jointe à de sérieuses qualités. Les frères du défunt, ses neveux, ses parents, parmi lesquels nous voyons des hommes distingués dans la magistrature, la médecine, le commerce, trouveront, il faut l'espérer, quelque adoucissement à leur juste douleur, dans ce témoignage unanime de regrets accordé à ce membre de leur famille. Nous, qui avons connu de près ce cœur d'élite, nous ne pouvons que mêler notre deuil à celui de tout le pays.

Et j'ajouterai comme dernière et consolante parole,

qu'Athanase Sicard fut un chrétien sincère, animé des vrais sentiments de foi et de piété, sans lesquels l'homme ne marche qu'en tâtonnant dans le chemin difficile de la vie. Armé des secours de la Religion, il a pu franchir avec confiance le terrible passage de ce monde à l'éternité, et il s'est endormi dans le Seigneur, laissant à ses amis, une mémoire vénérée et ineffaçable, le souvenir de nombreux bienfaits, à sa famille, à son pays, de nobles exemples et un nom universellement estimé !